누리 과정에서 쑥쑥

자연탐구 탐구과정 즐기기 – 궁금한 것을 탐구하는 과정에 즐겁게 참여한다.
생활 속에서 탐구하기 – 도구와 기계에 대해 관심을 가진다.

초등 과정에서 쑥쑥

과학 3-1 1. 우리 생활과 물질 – 2. 물질의 성질과 쓰임새
2. 자석의 이용 – 3. 자석과 생활
과학 6-2 3. 에너지와 도구

감수 및 추천 이명근 박사(미국 존스홉킨스 대학교 교수 역임, 현재 연세대학교 보건대학원 교수)

세계 곳곳의 재난지에 뛰어들어 어린이들은 물론 도움이 필요한 사람들을 구조하며 봉사의 삶을 사는 분입니다. 알아야 더 잘할 수 있다는 믿음으로 연세대학교 보건대학원에 '국제 재난 대응 전문가 과정'을 개설하여 많은 재난 구조 전문가를 양성하고 있습니다. 국제 NGO인 '머시코'(Mercy Corp.)와 UNDP(유엔경제개발계획)에서 활동하기도 했습니다. 지금은 재난 구호의 필요성을 알리고, 아시아와 아프리카의 개발을 위해 '코이카'(KOICA, 한국국제협력단)와 국제 개발 기관인 '글로벌 투게더' 등과 함께 봉사에 앞장서고 있습니다.

글 황근기

강원도 춘천에서 태어나 대학에서 국문학을 공부했습니다. 현재 동화, 만화, 시, 여행기 등 다양한 장르를 넘나들며 글을 쓰고 있습니다. 그동안 쓴 책으로는 〈Why? 로켓과 탐사선〉, 〈과학 첫발 1,2〉, 〈과학대소동〉, 〈꼬물꼬물 갯벌 생물 이야기〉, 〈생각하는 아이를 위한 놀이 과학동화〉, 〈과학귀신〉, 〈리틀 과학자가 꼭 알아야 할 과학 이야기〉, 〈대머리 아저씨의 머리카락〉 등이 있습니다. 특히 인도, 네팔, 티베트 지역의 문화에 푹 빠져 수차례 히말라야 주변을 여행한 뒤 그 경험을 토대로 〈세계 지도로 보는 세계, 세계인〉, 〈100나라 어린이들이 가장 궁금해하는 100가지〉 등을 썼습니다.

그림 예레미즈 형제

파비안과 크리스티안은 쌍둥이 형제로 취미, 특기, 그림 스타일도 비슷합니다. 독일 뮌스터 대학에서 일러스트레이션을 공부하고 오랫동안 만화가로 활동했습니다. 2006년부터는 프리랜서 일러스트레이터로 활동하고 있습니다. 이 책의 그림을 그릴 때에도 생각을 나누며 함께 그렸습니다.

우주와 지구 | 우주 정거장
57. 우주 정거장에서 보낸 하루

글 황근기 | **그림** 예레미즈 형제
펴낸곳 스마일 북스 | **펴낸이** 이행순 | **제작 상무** 장종남
대표 조주연 | **주소** 서울특별시 종로구 사직로8길 20, 103호
출판등록 제2013 - 000070호 **홈페이지** www.smilebooks.co.kr
전화번호 1588 - 3201 **팩스** (02)747 - 3108
기획·편집 조주연 김민정 김인숙 | **디자인** 김수정 정수하
사진 제공 및 대여 셔터스톡 연합뉴스 프리픽

이 책의 모든 글과 그림 등의 저작권은 스마일 북스에 있습니다.
본사의 허락 없이 이 책에 실린 내용의 일부 또는 전체를 어떤 형태로든지
변조하거나 무단 복제하는 것은 법으로 금지되어 있습니다.

⚠ 책을 집어던지면 다칠 수 있으니 조심하십시오. 잘못 만들어진 책은 바꾸어 드립니다.

우주 정거장에서 보낸 하루

글 황근기 | 그림 예레미즈 형제

우주 정거장은 우주에 지어진 집 같은 곳이야.
우리가 사는 집처럼 우주 정거장 안에는 많은 방이 있어서,
우주인들이 그곳에서 지내고 있단다.

우주 정거장 안에는 공기가 있어서
우주복을 입을 필요는 없단다.
그렇지만 지구에서처럼 걸어 다닐 수는 없어.
살짝 뛰기만 해도 몸이 붕 떠오르지.

우주 정거장에는 지구에서처럼
아래로 잡아당기는 힘인 **중력**이 없어서,
공중에 둥둥 떠다니는 거란다.
우주에서는 코끼리처럼
무거운 동물도 가볍게 들어 올릴 수 있지.

우아!

자, 그럼 우주인들이 어떤 일을 하는지 살펴볼까?
모두 창밖을 내다보렴.
우주인들이 일을 하고 있는 모습이 보이지?
우주 정거장을 손보고 있는 중이야.
기계들을 짜 맞추기도 하고,
망가진 기계들을 고치기도 하지.

우주인들이 우주 정거장 밖에서
일을 할 때에는 꼭 우주복을 입어야 해.
우주복에는 여러 가지 장치가 있어서
우주인들을 보호해 준단다.

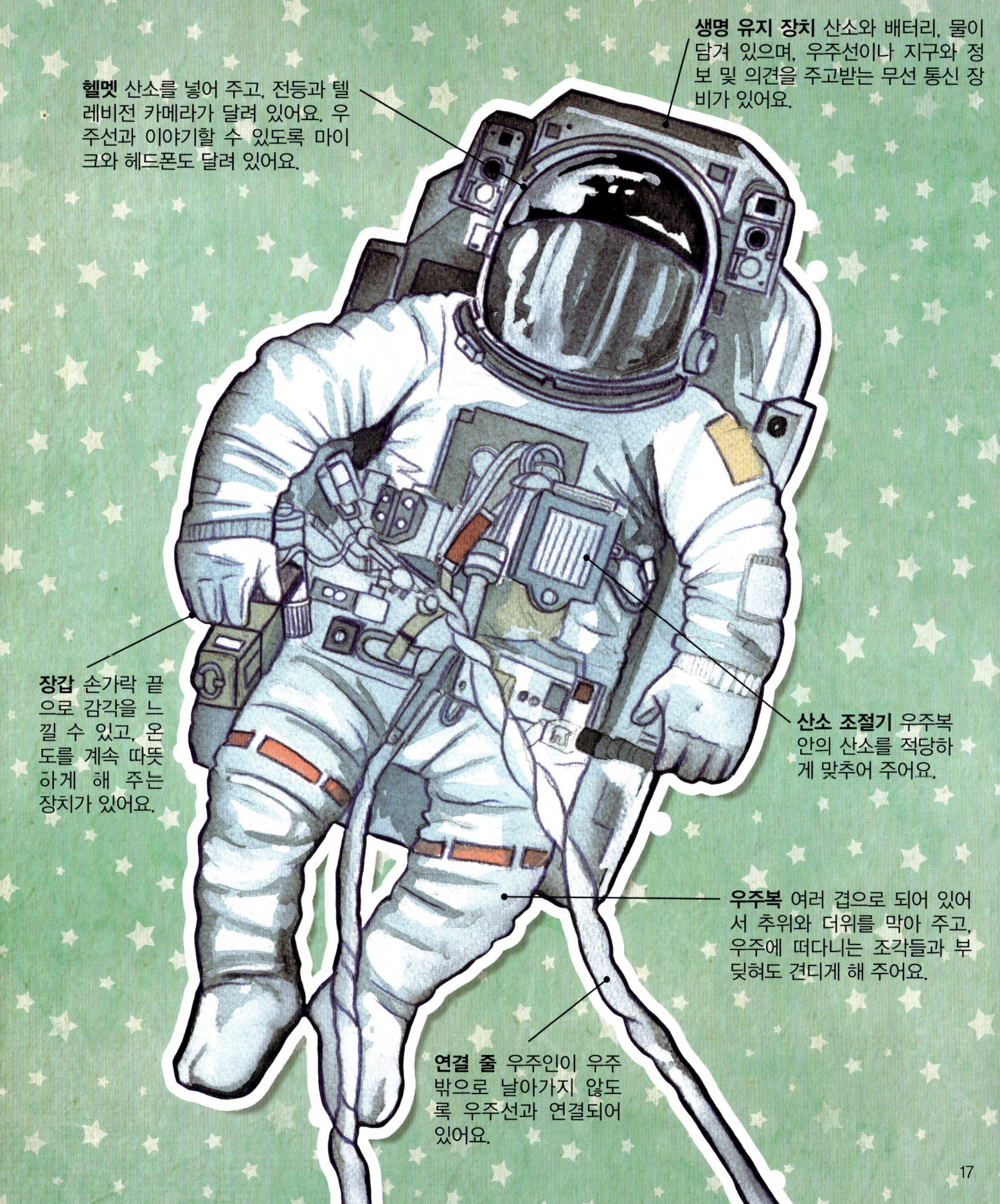

우주인들 곁에 있는 길고 하얀 것이 보이니?
저건 **로봇 팔**이란다.
로봇 팔은 우주 정거장 이쪽에서 저쪽으로
물건들을 옮겨 준단다.

로봇 팔

로봇 팔은 뭐예요?
우주선 안의 컴퓨터로 움직이는 로봇 팔은 무거운 도구와 장비들을 나르고, 우주에서 일하는 우주인들을 받쳐 주어요. 또 우주인들을 도와서 우주 정거장의 각 부분을 관리하지요.

이곳은 **과학 실험실**이야.
우주를 여행했을 때 사람의 몸이나 식물,
곤충이 어떻게 달라지는지 실험을 하지.
우주의 여러 가지 신비한 *현상을 연구하고,
지구를 관찰하기도 한단다.

현상 사람의 눈, 코, 귀, 혀 따위로 알 수 있는 사물의 모양과 상태를 말해요.

이곳은 우주인들이 **운동하는 곳**이야.
우주인들은 중력이 없는 곳에서 생활하기 때문에
뼈와 근육이 약해질 수 있어.
그래서 매일 2시간씩 운동을 해야 돼.

우주인들이 무엇을 먹는지 궁금하지?
비닐 안에 든 말린 식품을 먹는단다.
먹기 전에 물을 붓거나 열을 가해 데워 먹어.

어떤 맛일지 궁금하다, 그치?

우주선 밖에서는 어떻게 먹나요?
우주복 웃옷과 헬멧 사이에 물과 식량을 넣어 두는 주머니가 있어요. 음식은 막대기 모양인데, 먹은 만큼 나머지 음식이 앞으로 나오게 돼 있어서 손을 대지 않고 먹을 수 있어요. 주머니에 담긴 물은 막대 음식 위에 달려 있는 빨대로 빨아 먹어요.

침낭

잠은 옷장처럼 세워진 침실에 있는 **침낭**에서 잔단다.
침낭은 벽에 끈으로 묶여 있어 움직이지 않아.
눈가리개로 우주선 안의 불빛을 가리기도 하지.

사실 서서 자나 누워서 자나 모두 똑같은 상태란다.

저도 서서 침낭에서 자 보고 싶어요.

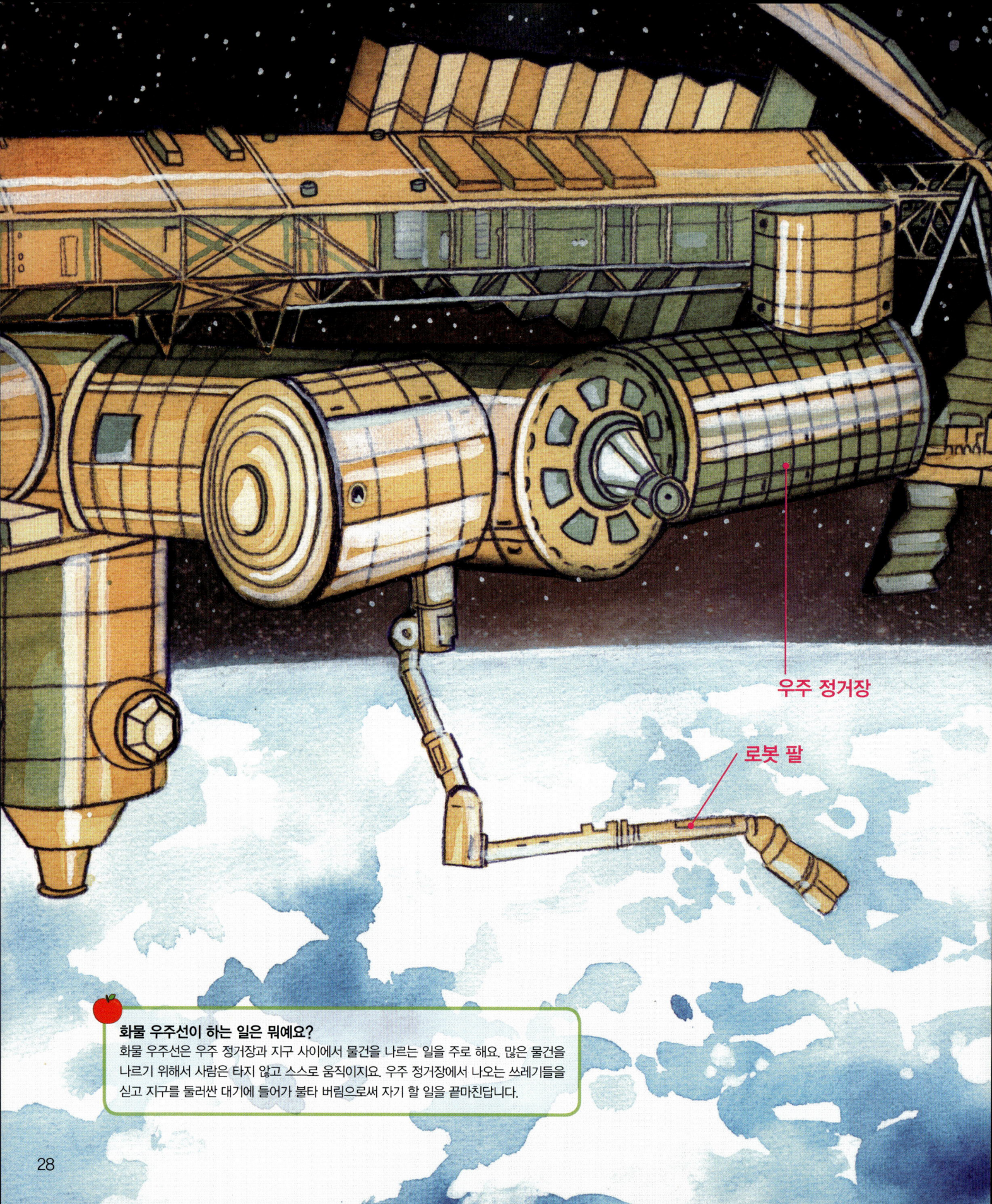

우주 정거장

로봇 팔

🍎 **화물 우주선이 하는 일은 뭐예요?**
화물 우주선은 우주 정거장과 지구 사이에서 물건을 나르는 일을 주로 해요. 많은 물건을 나르기 위해서 사람은 타지 않고 스스로 움직이지요. 우주 정거장에서 나오는 쓰레기들을 싣고 지구를 둘러싼 대기에 들어가 불타 버림으로써 자기 할 일을 끝마친답니다.

화물 우주선

아, 마침 **화물 우주선**이 오고 있구나.
화물 우주선은 우주인들에게 꼭 필요한
음식과 물, 우주복, 가족과 친구들이
보낸 편지 등을 싣고 온다.

🍊 우주 왕복선이 하는 일은 뭐예요?
우주 왕복선은 우주로 여러 번 왔다 갔다 할 수 있어요. 그래서 다른 우주선보다 더 많은 일을 하지요. 우주 정거장으로 우주인들을 실어 나르기도 하고, 부품과 물건을 가져다주기도 하고, 우주에 관한 실험을 돕기도 한답니다.

우주 정거장은 우주를 향한 우리 모두의 꿈이야.

지구로 돌아가면 밤하늘에서 우주 정거장을 찾아보렴.

혹시 내가 너희를 향해 손을 흔드는 모습이 보이면,

너희도 나를 향해 손을 흔들어 주렴.

우주 왕복선

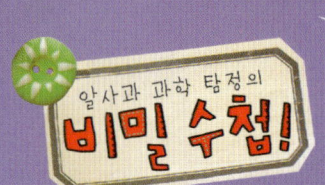

우주의 비밀을 밝히는 우주 정거장

우주 정거장은 지구와 우주를 연결해 주는 우주 기지예요. 우주인들은 우주 정거장에 머물며 우주의 비밀을 밝히기 위해 여러 가지 실험과 연구를 하고 있답니다.

국제 우주 정거장

국제 우주 정거장은 1998년에 만들기 시작하여 연구 시설을 갖춘 최신 우주 정거장이에요. 모두 16개의 나라가 국제 우주 정거장을 만드는 데 참여했답니다. 아쉽게도 우리나라는 포함되어 있지 않아요.

우주 정거장 미르의 모습이에요.

미르

미르는 국제 우주 정거장이 만들어지기 전까지 쓰이던 우주 정거장이에요. 처음에는 러시아가 혼자 사용했지만, 나중에는 미국 등 여러 나라가 함께 사용했어요. 1986년 2월에 쏘아 올려져 2001년 3월까지 사용되었어요.

우주인이 우주 정거장 밖으로 나와 일을 하고 있어요.

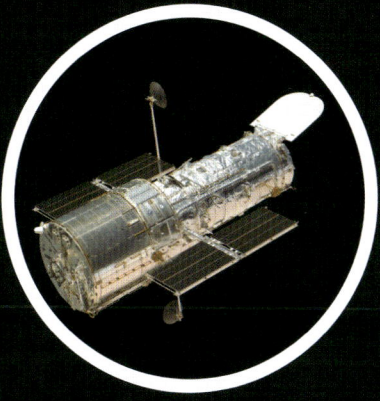

지구 둘레를 돌면서 우주를 사진 찍는 허블 우주 망원경이에요. 고장 나면 우주 정거장에 있는 우주인들이 곧바로 우주 왕복선을 타고 가서 고쳐 놓아요.

우주 정거장 만들기

우주 정거장은 너무 크고 무거워서 로켓으로 한꺼번에 쏘아 올릴 수 없었어요. 그래서 작은 부분들과 부품들을 우주 왕복선에 싣고 가서 우주인들이 짜 맞추어 만들었어요.

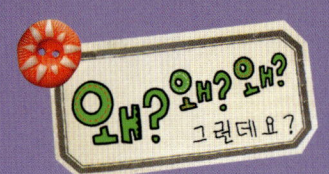
우주 정거장에 대한 요런조런 호기심!

우주복은 보통 옷하고 어떻게 달라요?

우주복은 우주에서 우주인들의 생명을 지켜 주는 옷이야. 우주복은 뜨거운 불 속에서도 견딜 수 있고, 남극보다 몇 배 더 추운 곳에서도 견딜 수 있어. 또, 우주복 안에는 산소와 물을 넣어 주는 장치가 있어. 하지만 우주복을 입고 벗으려면 약 1시간 정도의 시간이 걸린대. 그래서 우주복 속에는 갑자기 화장실에 가고 싶을 때를 위해 우주인만 쓰는 기저귀가 있단다.

우주복은 무게가 100킬로그램 이상 나가는 무거운 옷이지만 우주에는 중력이 없어서 무겁게 느껴지지 않아요.

우주 정거장은 어떻게 움직여요?

우주 정거장은 한곳에 머물러 있지 않아. 하루에 지구 둘레를 거의 16바퀴나 돌고 있어. 우주 정거장은 컴퓨터로 움직이는데, 컴퓨터를 움직이려면 전기가 필요해. 전기를 어떻게 만드느냐고? 우주 정거장 양쪽 끝에 있는 크고 평평한 것들이 보이지? 저게 바로 태양빛을 모아 전기로 바꿔 주는 태양 전지판이야. 그래서 우주 정거장에서는 전기를 걱정하지 않아도 된단다.

태양 전지판

우주 정거장은 태양 빛을 이용해 전기를 만들어 움직여요.

우주 정거장에 사고가 나면 어떡해요?

우주 정거장은 안전하지 않아. 어느 날 갑자기 우주 쓰레기와 부딪힐 수도 있고, 컴퓨터가 고장 나서 여러 가지 문제가 일어날 수도 있지. 이럴 때를 위해 우주 정거장에는 탈출할 수 있는 우주선이 준비되어 있단다.

우주 정거장에는 보통 6명의 우주인이 머물러. 그래서 3명씩 탈 수 있는 '소유즈 호' 2대를 탈출용으로 준비해 놓았지. 우주인들은 보통 반 년 동안 우주 정거장에 있다가 3명씩 '소유즈 호'를 타고 지구로 돌아온단다.

우주인들을 지구로 실어 나르는 소유즈 호예요.

우주 정거장에서도 해가 뜨는 걸 볼 수 있어요?

우주 정거장에서도 해가 뜨는 것을 볼 수 있어. 하지만 지구에서처럼 해가 뜨는 것을 하루에 한 번 보는 게 아니란다. 우주 정거장에서 보면 해가 하루에 16번이나 떠. 우주 정서장이 지구 둘레를 하루에 16바퀴 돌기 때문이야. 하루 동안 낮과 밤이 16번이나 바뀌는 거란다.

우주에는 공기가 없어서 우주 정거장에서 보는 태양 빛은 아주 강해요.

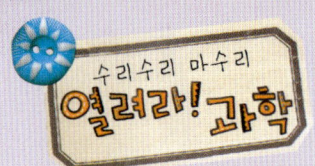

우주에서 먹는 신기한 음식들

이제 지구에서 먹는 음식을 우주에서도 맛보며 신나는 우주여행을 떠나 보아요.

음식이 상하지 않도록 모든 음식에 물기를 없애고, 공기가 없는 진공 포장을 해요.

우주에서 먹는 아이스크림이에요. 물기가 없어 과자처럼 쉽게 부서져요.

물기가 없는 과자나 땅콩을 가져가거나 과일처럼 물기 있는 음식물은 말려서 가져가요. 주스 같은 음료수는 가루로 만들어 물을 부어 먹는답니다.

우주 정거장을 만들어요

준비물 빈 깡통, 빈 페트병, 빈 요구르트 병, 나무젓가락, 접착테이프 또는 접착제, 은박지

우주 정거장을 만들 때 필요한 재활용품을 모아요.

큰 페트병을 가운데에 세워요. 작은 깡통이랑 요구르트 병은 페트병 옆에 붙여요.

은박지를 이용해서 태양 전지판을 만들어요.

은박지 안에 나무젓가락을 끼우고 페트병에 붙여요.

 **엄마, 아빠에게**

아이와 함께 우주 정거장을 만들면서 우주 정거장의 기능에 대해 설명해 주세요. 예를 들어 은박지로 태양 전지판을 만들 때는 "우주 정거장의 태양 전지판은 태양 빛을 전기로 바꾸어 준단다."라고 설명해 주세요.